GUESS WHAT I've just SEEN?

For my boys, Eddie, Tommy and Alex. For my husband, David, for his support. And remembering the very funny Uncle Eddie, now a bright star keeping watch.

Text Copyright @Mickie B. 2024.
Illustrations Copyright @Francesca Watt 2024
Text by Mickie B. and illustrations by Francesca Watt. The moral rights of the author and illustrator have been asserted.
All rights reserved. No part of this book may be reproduced or used in any manner without written permission of the copyright owners except for the use of quotations in a book review.

ISBN Paperback 978-1-068978-0-7

Published by Hoppity Hip Books.

'**MUM**,' Charlie said, as they sat down for lunch,

With fresh fruit and crackers for Charlie to **munch,**

While Mum had a **bread-roll** with salad and cheese,

And sipped on a mug of her favourite **TEA,**

'I bet you can't **guess** what I've just seen?'

'Now let me **THINK,** what could it have **been?**'

'Was it a **SCRATCH** of **fleas** kicking a **pea?**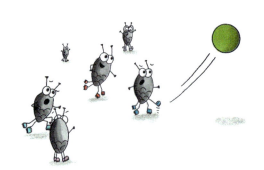

Or maybe an **OCTOPUS stuck** up a tree?'

'No, Mum, **octopuses** all live in the **SEA.**'

'Then was it a **little mouse** chasing a **CAT?**

Or perhaps a **magician** pulled out of a **hat?**'

'No, **MUM,**' Charlie chuckled. 'Who's ever seen **that?**'

'A happy **hyena** who's having a **LAUGH?**

A whistling **wombat** who's sat in the **bath?**'

'No, **MUM,**' Charlie giggled. 'That really is **daft!**'

'**WHAT** could it have been?' she said. 'What did you **see?**'

As slowly she **lunched** on her roll and her tea.

'Perhaps a **green GRASSHOPPER** playing the **flute?**

A sweet fluffy **pup** in a smart **PINSTRIPE** suit?'

'No, Mum, but the **puppy** sounds **EVER SO** cute!'

'Perhaps a **gorilla** was learning to **drive**?

Or a whispering **SPERM WHALE** was taking a **dive?**'

'No, Mum, they're the **LOUDEST** creatures alive.'

'Did you **see** a panda who's chewing **bamboo?**

Or **spy** a large rhino who rows a **canoe?**'

'No, **Mum,**' Charlie said, 'you just don't have a **clue!**'

'What could it have **BEEN?**' she said, 'What did you **see?**'

As slowly she lunched on her **roll** and her tea.

'A **pig** who is dressed as a wolf big and **mean?**

A **GREY** elephant on a huge **trampoline?**

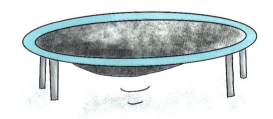

'No, Mum, they can't **jump** - that has **NEVER** been seen!'

'A mob of **meerkats skiing** down a tall slope?

Or a very slow **SLOTH climbing** up a long rope?'

Young **Charlie** sighed deeply and then he said, **'NOPE.'**

'A zeal of **zebras** playing musical **chairs?**

Or a little **GIRL'S** breakfast **scoffed** down by three **bears?**'

'No, **MUM,**' Charlie giggled, 'that would be quite **rare.**'

'**What** could it have been?' she said. '**What** did you see?'
As slowly she **LUNCHED** on her roll and her tea.
'**I give up,**' Mum sighed. 'Charlie, what did you **see?**'
So, Charlie **TOLD** Mum what it was he had seen.
'I **think** it was brown or perhaps it was **green.**

It wasn't too **BIG**.
No, in **fact,** it was tiny.
It looked kind of **slippery, yucky,** and slimy.

It **didn't** have legs,
or no **legs** I could see,
it didn't have **STRIPES,**
or four **wings** like a bee.

It looked like a **snail,**
but **WITHOUT** a hard shell,
I think it was **crawling,**
from **what** I could tell.

And two **TENTACLES poking** out from its head.'

'It sounds like a **slug**,' his **MUM** suddenly said.

'**Wow,** Mum,' Charlie smiled, 'yes, I think you are **right.**'

As **MUM** raised her roll and then took the last **bite.**

'So where was this slippery **mollusc?**' Mum said…

Right **there** on the lettuce inside of your **bread**!"

His mum **TURNED** quite pale.
She **looked** down at her **plate**.
And stared at the **CRUMBS**
from the **roll** she just ate.

She gave a big **gulp**. Was she going to be **sick?**
Poor Charlie felt **AWFUL**. He had to think quick.
Perhaps he'd say sorry. Yes, that might be **wise.**
But **suddenly** then to his utter surprise,

He spotted a **movement** behind his mum's mug,
As out crawled the **slippery,** little green **SLUG**.
Mum looked down at **Charlie,** who started to **giggle,**
As slowly the **SLUG** crawled away with a **wiggle.**

For more from this author, visit

www.hoppityhipbooks.com

and follow on Instagram

@mickieb27

Please remember to leave a review wherever you bought this book.